L'attente sur les quais avant d'embarquer à Cork.
Illustrated London News Picture Library

LA GROSSE-ÎLE

Terre de chagrin et d'espoir

Anne Renaud

Les Éditions Homard

À mes grands-parents, Emma Mitchell et Gerald Delaney, qui ont quitté leur terre natale pour se bâtir une nouvelle vie au Canada.

Je tiens à exprimer ma sincère gratitude aux personnes suivantes, qui m'ont gracieusement offert leur temps, leurs connaissances, leurs souvenirs, leurs photographies, leurs documents et leur soutien pour la rédaction de ce livre. À Marianna O'Gallagher et Rose Masson Dompierre, dont les nombreuses œuvres littéraires sur la Grosse-Île ont servi de pierre angulaire à mes recherches. Leur amour profond pour cette île, qu'elles m'ont toutes deux communiqué par leurs écrits, a donné le ton à mon propre récit. À mes «premiers lecteurs», les historiens André Charbonneau, Christine Chartré et Yvan Fortier, ainsi que Diane Le Brun, gestionnaire de la collection d'objets à Parcs Canada. Au gestionnaire du site, Daniel Villeneuve, et aux employés de la Grosse-Île, en particulier Jo-Anick Proulx, dont l'aide m'a été très précieuse pour me procurer les photos et les illustrations qui figurent dans mon livre. À Michael Kenneally, du Centre d'études canado-irlandaises de l'Université Concordia; à Mark McGowan, directeur du University of St. Michael's College, à l'Université de Toronto; à Elsbeth Heaman, du département d'histoire de l'Université McGill; à Brendan Dinneen, de la Jeanie Johnston (Ireland) Company Ltd; à l'auteur John Bryden; et à Gail White, de la bibliothèque municipale de Westmount. Je remercie également ma directrice de collection, Meghan Nolan, dont la patience et l'assiduité m'ont aidée à mener ce projet à terme. Enfin, je veux remercier mon amie d'enfance, Linda Malenfant, pour sa sagesse et son enthousiasme inaltérable.

La Grosse-Île, terre de chagrin et d'espoir
Texte © 2007 Anne Renaud
Illustrations © 2007 Aries Cheung

Publié par les Éditions Homard Ltée
1620, rue Sherbrooke Ouest, bureaux C & D, Montréal (Québec) H3H 1C9
Tél. : (514) 904-1100 • Téléc. : (514) 904-1101 • www.editionshomard.com

Rédaction : Alison Fripp et Meghan Nolan
Assistantes à la rédaction : Katie Scott et Olga Zoumboulis
Traduction : Marie-Josée Brière
Révision linguistique : Marie Brusselmans
Conception graphique : Olena Lytvyn
Chef de la production : Tammy Desnoyers
Illustrations : Aries Cheung

The Canada Council | Le Conseil des Arts
for the Arts | du Canada

L'auteur remercie de son soutien le Conseil des Arts du Canada, qui a investi 20,1 millions de dollars l'an dernier dans les lettres et l'édition à travers le Canada.

Nous remercions de son soutien le Conseil des Arts du Canada, qui a investi 37,8 millions de dollars l'an dernier dans les arts au Québec.

Société de développement des entreprises culturelles

Québec

Gouvernement du Québec – Programme de crédit d'impôt pour l'édition de livres – Gestion SODEC

Catalogage avant publication de Bibliothèque et Archives Canada

Renaud, Anne, 1957-
     La Grosse-Île, terre de chagrin et d'espoir / Anne Renaud; illustrations, Aries Cheung; traduction, Marie-Josée Brière.
Traduction de: The story of Grosse Île.
Niveau d'intérêt selon l'âge : Pour les jeunes de 8 à 12 ans.

ISBN 13 : 978-2-922435-14-6
ISBN 10 : 2-922435-14-8

     1. Grosse-Île, La (Montmagny, Québec)--Histoire--Ouvrages pour la jeunesse.
2. Quarantaine--Québec (Province)--Grosse-Île, La (Montmagny)--Histoire--Ouvrages pour la jeunesse. 3. Canada--Émigration et immigration--Histoire--Ouvrages pour la jeunesse. I. Cheung, Aries, 1960- II. Titre.
FC2945.G78R4514 2007   j971.4'735   C2006-905788-5

Page de couverture (à partir du haut, dans le sens des aiguilles d'une montre) : vue aérienne de la Grosse-Île, Parcs Canada; petites immigrantes russes à la Grosse-Île en 1912, collection Lucienne Masson; le Jeanie Johnston toutes voiles dehors à l'été 2003, Paul Dolan du FÁS, Tralee; Règlements concernant la quarantaine imposée aux vaisseaux arrivant au port de Québec, 1866. Imprimé et relié au Canada.

IMAGINE une île, dans le fleuve Saint-Laurent, comme le dos d'une baleine. Perchée au sommet d'une colline, telle une sentinelle solitaire, une croix celtique surplombe sa pointe ouest. À ses pieds, le paysage est semé de bosquets d'arbres et d'arbustes, de grandes roches plates, et de bâtiments patinés par les intempéries et le passage du temps.

Bienvenue à la Grosse-Île. Son histoire est marquée par l'espoir et les épreuves de milliers de gens à la recherche d'une nouvelle patrie, par le dévouement des travailleurs qui les ont accueillis sur leurs rives, et par l'arrivée de grands navires à bois, portant souvent à leur bord de terribles maladies. Le voyage de certains passagers s'est malheureusement terminé à la Grosse-Île, mais pour la plupart des nouveaux venus, cette toute petite île a servi de tremplin vers un nouveau départ.

Voici l'un des nombreux chapitres de l'édification du Canada.

UN PEU D'HISTOIRE

⚓ Les guerres napoléoniennes se déroulent en Europe entre 1799 et 1815. De nombreux pays, dont l'Angleterre, la Russie et l'Autriche, se battent contre la France, dirigée par Napoléon Bonaparte.

☸ Les pays baltes bordent la côte est de la mer Baltique. Ce sont l'Estonie, la Lettonie et la Lituanie.

🪶 Les colonies sont peuplées par des gens qui ont quitté leur pays pour s'installer dans un nouveau territoire. Il y a des centaines d'années, la France et la Grande-Bretagne ont établi des colonies en Amérique du Nord. Au début du 19ème siècle, la Nouvelle-Écosse, le Nouveau-Brunswick, le Haut-Canada et le Bas-Canada étaient des colonies placées sous la domination des Britanniques, qui en ont gagné le contrôle au cours de la guerre de Sept Ans, de 1756 à 1763.

🗼 L'Amérique du Sud et l'Amérique du Nord ont pris le nom de «Nouveau Monde» après l'arrivée des Européens sur ces continents. Mais les premières nations – comme les Hurons, les Iroquois, les Abénaquis et les Inuit – peuplaient déjà le Nouveau Monde bien avant que la France et la Grande-Bretagne y envoient des gens fonder des colonies.

PENDANT les guerres napoléoniennes ⚓, la Grande-Bretagne a besoin de bois pour construire ses navires de guerre. Cependant, à cause du blocus des navires français, les Britanniques sont coupés des pays baltes ☸, où ils s'approvisionnent en bois depuis des années.

Ils se tournent donc vers leurs colonies 🪶 du Nouveau Monde 🗼 pour trouver de nouvelles sources d'approvisionnement en bois dans les forêts de la Nouvelle-Écosse, du Nouveau-Brunswick, du Haut-Canada et du Bas-Canada. L'hiver, les travailleurs des chantiers abattent les arbres de ces forêts et les transforment en billes de bois. Le printemps venu, ces billes sont attachées en forme de radeaux, que des ouvriers appelés «draveurs» font flotter sur les rivières jusqu'aux villes portuaires. Les billes sont ensuite détachées, chargées à bord de navires et expédiées par la mer jusqu'en Grande-Bretagne.

Un train de bois. Certains radeaux peuvent atteindre 500 mètres de long et transporter des équipages qui vivent à bord, dans de petites cabanes. Bibliothèque et Archives Canada (C-150716)

Les colonies britanniques de la Nouvelle-Écosse, du Nouveau-Brunswick, du Haut-Canada (partie sud de ce qui est aujourd'hui la province de l'Ontario) et du Bas-Canada (partie sud-est de ce qui est aujourd'hui le Labrador et la province de Québec).

Après quelques jours, quand les malades ont récupéré et que les médecins jugent tous les passagers en bonne santé, les navires sont autorisés à poursuivre leur route vers Québec. Chaque navire doit recevoir un certificat sanitaire avant de quitter l'île.

Au début de juin, le choléra a atteint la Grosse-Île. Peu de décès sont enregistrés dans l'île, mais la maladie se répand sur la terre ferme lorsque des passagers jugés en bonne santé tombent malades et infectent d'autres personnes en poursuivant leur voyage. Tout au long de l'été et de l'automne, le nombre de malades augmente un peu partout dans les colonies ⚓.

En novembre, quand vient le temps de fermer l'île avant que les glaces ne se forment, des milliers d'immigrants et d'habitants du pays ont succombé à la maladie à Québec, à Montréal, à Kingston et plus loin.

[From the Quebec Gazette of June 11.]
THE ASIATIC CHOLERA.—We announced the existence of the CHOLERA at Grosse Isle on Friday.—It is now in this city. Its effects in an American climate are likely to be more severe than in Europe.
It becomes the duty of all to be vigilant in repelling the ravages of this common destroyer. Cleanliness, temperance, regularity of habits, moderate eating and exercise, and exemption from all excess, are the best preventives.
The greatest number of deaths are from Champlain street. Three or four deaths have occurred in the upper town. Deaths have been caused in from 5 to 6 hours.
Four o'clock, P. M.

Le choléra se propage sur le continent.
Richmond Enquirer, 22 juin 1832

Certificat sanitaire délivré au Hope, 1833.
Bibliothèque et Archives Canada (RG 42, vol. 13)

THE Passengers from the *Brig Hope* *David Nicholas* Master, have been cleansed, purified and disinfected, and their Baggage washed and purified to my satisfaction; I therefore recommend that they be allowed to re-embark and proceed.

Grosse Isle
June 14th — 1833.

UN PEU D'HISTOIRE

⚓ Une fois arrivés à Québec, les passagers qui veulent se rendre à Montréal doivent prendre des petits bateaux à vapeur parce que le fleuve n'est plus assez profond pour les grands navires océaniques. De Montréal, beaucoup font ensuite un voyage de plusieurs jours en train ou en diligence pour atteindre d'autres lieux de peuplement. Certains continuent aussi vers le sud jusqu'aux États-Unis.

Les voyages en diligence.

1833-1845

EXCEPTÉ une seconde et terrible épidémie de choléra en 1834, au cours de laquelle 844 personnes ont été hospitalisées et 264 sont mortes, l'île demeure relativement calme dans les années qui suivent. Certains arrivants sont atteints de la variole, de la rougeole ou d'autres maladies, mais ils ne sont pas nombreux et peu de décès sont enregistrés à la Grosse-Île.

Un prêtre baptise un bébé.

Au début de chaque saison de navigation, des bateaux à vapeur remplis de soldats et d'ouvriers, de médecins, d'infirmières et de prêtres quittent le port de Québec pour la Grosse-Île. Pendant les mois suivants, les soldats et les ouvriers réparent les bâtiments et en construisent de nouveaux. Ils vont aussi chercher les passagers à bord des navires, dans des embarcations à rames, pour les amener à l'île. Les médecins et les infirmières s'occupent des malades, et les prêtres baptisent les nouveaux-nés, enterrent les morts et passent de longues heures à réconforter les malades hospitalisés.

Les immigrants en bonne santé occupent une partie de leurs journées en faisant des promenades, en tenant un journal ou en écrivant des lettres aux membres de la famille qu'ils ont laissés derrière eux. Le long de la côte, les enfants aident leurs parents à préparer les repas sur des feux de bois, ou encore à laver leurs vêtements et leur literie dans les eaux du Saint-Laurent.

Les vêtements et la literie sont lavés dans le fleuve.

Les immigrants écrivent des lettres à la famille restée au pays.

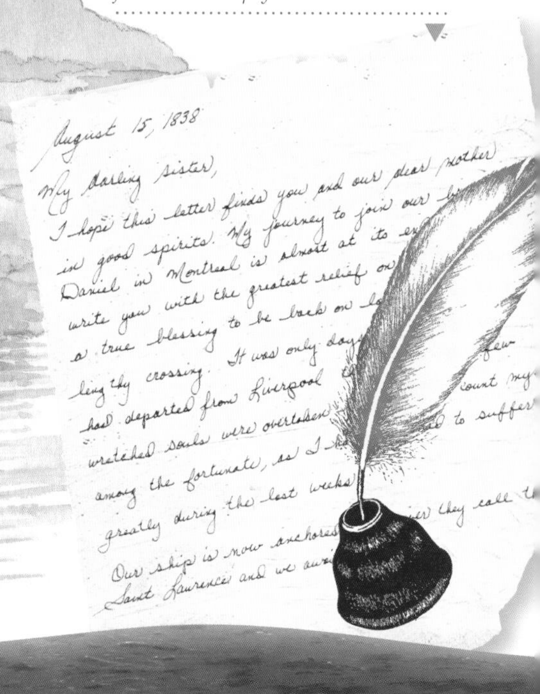
August 15, 1838
My darling sister,
I hope this letter finds you and our dear mother
in good spirits. My journey to join our
Daniel in Montreal is almost at its
write you with the greatest relief on
a true blessing to be back on
lengthy crossing. It was only
had departed from Liverpool
wretched souls were overtaken
among the fortunate, as I
greatly during the last weeks
Our ship is now anchored
Saint Laurence and we

À bord des navires qui traversent toujours l'Atlantique à partir des îles britanniques, la routine est similaire. Les passagers des entreponts se réunissent autour d'un feu pour préparer leurs repas sur le pont supérieur. Ils passent une bonne partie de leur temps à nettoyer leurs dortoirs sur les ponts du bas. Certains d'entre eux égaient la vie à bord en jouant du violon, de la flûte ou d'autres instruments de musique qu'ils ont apportés avec eux.

À l'automne, quand les navires cessent d'arriver, la Grosse-Île se vide à nouveau. Pendant les mois d'hiver, seuls quelques ouvriers y restent pour assurer l'entretien des lieux.

La Grosse-Île a survécu à ses premières années comme île de quarantaine, mais le pire est encore à venir…

Reconstitution de la vie à bord du Jeanie Johnston. Certains passagers ont apporté leurs instruments et jouent de la musique pour leurs compagnons de voyage. The Jeanie Johnston (Ireland) Company Limited

La vie à bord. Illustrated London News Picture Library

UN ÉTÉ TRAGIQUE

À L'AUTOMNE 1845, les récoltes en Irlande sont infectées par le mildiou de la pomme de terre, une maladie qui transforme les légumes en bouillie noire. À l'époque, personne ne s'en étonne puisque la chose s'est déjà produite dans le passé. Cependant, les récoltes des années suivantes ne valent pas mieux ⚓. Pour de nombreux fermiers irlandais, le choix est clair : ils peuvent rester en Irlande – et risquer la famine, la maladie et la mort – ou traverser l'océan pour se rendre au Nouveau Monde. L'émigration est pour eux un acte de désespoir. C'est désormais leur seule chance de survie ☸.

Dans les ports d'Angleterre et d'Irlande, des groupes d'Irlandais affamés se rassemblent sur les quais en attendant de pouvoir monter à bord des navires qui se dirigent vers l'ouest. Accrochés à leurs maigres possessions, qui tiennent souvent dans une seule malle pour une famille entière, ils franchissent la passerelle et vont prendre place dans les cales.

Les passagers doivent apporter leur literie, leurs casseroles et leurs ustensiles de cuisine à bord. Les capitaines de navires doivent leur fournir de l'eau et des portions limitées de nourriture, appelées «rations», qui peuvent se composer de riz, de viande, de mélasse, de thé, de farine et de sucre. Mais tous les capitaines ne respectent pas cette obligation. Par conséquent, quand les navires arrivent enfin à destination, les passagers n'ont plus, très souvent, que la peau sur les os.

Coffre d'immigrant. ▲
L. Malenfant

UN PEU D'HISTOIRE

⚓ À cette époque, environ un tiers des Irlandais sont des fermiers. La plupart ne sont que locataires de leurs terres, qui appartiennent à de grands propriétaires. Ils y élèvent des moutons pour la laine, et des vaches pour produire du lait dont ils font du beurre et du fromage. Ils y cultivent aussi des pommes de terre, du blé, du seigle et de l'orge. Les fermiers et leurs familles se nourrissent le plus souvent des pommes de terre qu'ils récoltent. Ils vendent leurs autres produits à l'étranger pour payer leur loyer.

☸ En 1847, il faut environ 3 £ pour se rendre d'Irlande aux colonies, ce qui représente énormément d'argent à l'époque. Bon nombre d'Irlandais qui se sont établis dans les colonies envoient de l'argent ou des billets payés d'avance aux membres de leur famille restés en Irlande, pour qu'ils puissent venir les rejoindre. C'est ce qu'on appelle la «migration à la chaîne».

Reconstitution de la cale du Jeanie Johnston abritant des immigrants irlandais. Collection de l'auteure

À cause des pots de chambre et des seaux qui servent de toilettes, il règne dans les cales surpeuplées une odeur pestilentielle, à laquelle s'ajoute la puanteur venant des passagers atteints du mal de mer et de la saleté générale qui découle du manque d'eau potable. Comme il n'entre pas beaucoup d'air et de lumière dans les cales quand on doit fermer les écoutilles par gros temps, de nombreux passagers sont bientôt atteints du typhus, aussi connu sous le nom de «fièvre des navires» . Les navires deviennent de véritables cercueils; des milliers de personnes en route vers le Nouveau Monde meurent à leur bord et sont jetées à la mer pour y trouver leur dernier repos.

Le 14 mai 1847, le *Syria*, le premier des navires transportant cette nouvelle vague d'immigrants irlandais, arrive à la Grosse-Île en provenance de Liverpool, en Angleterre. Sur les 245 passagers du navire, 125 sont atteints du typhus et 9 sont morts pendant la traversée de 46 jours. Moins d'une journée après l'arrivée du *Syria*, la Grosse-Île enregistre son premier décès de la saison: Ellen Kane, âgée de quatre ans, a succombé à la fièvre des navires.

STRICTLY FORBIDDEN!

FOR *the safety of the vessel and her entire company and crew the following items and activities are strictly forbidden below decks at all times.*

1. Smoking.
2. Naked Flames & Candles.
3. Lighting of Fires.
4. Fighting
5. Swearing
6. Gambling
7. Spitting
8. Alcoholic Beverages.

~by order of
JAMES ATTRIDGE,
Master of the Jeanie Johnston.

Affiche des règlements que l'on retrouve dans les cales des navires. Entre autres, il est défendu aux passagers de cracher, de fumer, de se bagarrer, de boire des boissons alcoolisées, et de jurer.

QUEBEC

THE FINE
1st CLASS
FASTENED
SAILING

NEW
COPPER
AND FAST
SHIP;

JEANIE JOHNSTON,
Of Tralee,
BURTHEN 700 TONS,
JAMES ATTRIDGE, Commander,

Will Sail from TRALEE, Wind and Weather permitting, on or about the of APRIL next.

This First-Rate Vessel possesses Spacious Accommodation for Passengers, and will be Fitted up in the most Comfortable manner.

For All Particulars, apply at the Office of the Owners, Mess. JOHN DONOVAN and SONS, Tralee.

Dated March

(Printed at the "Chronicle" Office, Nelson-street, Tralee.)

Des pots de chambre comme celui-ci servent de toilettes à bord des navires. Parcs Canada

Affiche datée de mars 1848, annonçant la traversée du Jeanie Johnston entre l'Irlande et Québec. The Jeanie Johnston (Ireland) Company Limited

Le Jeanie Johnston toutes voiles dehors à l'été 2003. Paul Dolan du FÂS, Tralee

UN PEU D'HISTOIRE

Le typhus se transmet d'une personne à l'autre par les puces ou les poux. Il se caractérise par de fortes fièvres et des éruptions cutanées qui recouvrent tout le corps.

Le *Jeanie Johnston* se distingue des «navires-cercueils». Construit à Québec en 1847, par un constructeur réputé du nom de John Munn, il est vendu à l'Irlandais Nicholas Donovan en 1848. Pas un seul de ses passagers ne succombera à la fièvre des navires au cours de ses 16 traversées entre l'Irlande et le Nouveau Monde, de 1848 à 1856, parce que le médecin du bord insiste pour que les écoutilles restent ouvertes le plus souvent possible. Il encourage également les passagers à se promener chaque jour sur le pont pour faire de l'exercice et prendre de l'air frais. Pour rappeler l'histoire du *Jeanie Johnston*, le navire a été reconstruit; il a fait la traversée de l'Irlande à l'Amérique du Nord en 2003.

Le passage de la quarantaine, 1847. Parcs Canada, B. Duchesne, 1996

Le 21 mai, on dénombre trente navires à l'ancre près de la Grosse-Île. Comme les grains d'un chapelet, ils forment une file de sept kilomètres sur le Saint-Laurent. La Grosse-Île, qui n'a pas connu beaucoup de changements depuis sa première année de fonctionnement, ne suffit plus à absorber le flot des immigrants irlandais. Les chapelles et les bâtiments destinés aux bien portants sont vite convertis en hôpitaux. Des menuisiers sont envoyés dans l'île pour y fabriquer des cercueils et y construire plus d'abris pour les bien portants. Des centaines de tentes de l'armée sont dressées pour accueillir les malades et les mourants, souvent placés à deux ou trois par lit. En juillet seulement, plus de 15 000 immigrants sont mis en quarantaine dans l'île. De ce nombre, 1 700 sont malades, et il en meurt une trentaine chaque jour ⚓.

Le typhus se répand rapidement sur la terre ferme. Des petits abris pour les personnes souffrant de la fièvre des navires sont construits au bord du fleuve, dans le quartier montréalais de Pointe Saint-Charles, pour accueillir les centaines d'immigrants malades qui arrivent chaque jour du port de Québec. La plupart des gens refusent d'approcher les malades, par crainte de la contagion, mais certains, en particulier des prêtres et des religieuses, s'occupent d'eux avec courage et dévouement.

UN PEU D'HISTOIRE

⚓ À son ouverture, en 1832, la station de quarantaine de la Grosse-Île peut accueillir environ mille immigrants : 800 bien portants et 200 malades. Les premières années, le personnel médical de l'île soigne en moyenne 390 passagers malades par saison. Cependant, l'année 1847 amène à la Grosse-Île un nombre record d'immigrants. À la fin de la saison, l'île a accueilli 8 691 passagers malades, dont 3 238 sont morts sur place; des milliers d'autres ont déjà péri avant d'atteindre ses rives.

Inhumation de cercueils dans une fosse commune de l'île. Parcs Canada, Daniel Rainville, 1997

À la fermeture de l'île à la fin de la saison, en novembre 1847, le triste bilan des victimes enterrées dans l'île dépasse les cinq mille personnes – hommes, femmes et enfants. Parmi les enfants qui ont survécu, plus de mille sont orphelins. Beaucoup d'entre eux seront adoptés par des familles francophones de Québec et des environs.

Les saisons 1848 et 1849 voient d'autres immigrants arriver à la Grosse-Île, mais en moins grand nombre qu'en 1847. Et la petite île est désormais mieux préparée à accueillir les nouveaux arrivants ⚓ .

Pendant la construction du pont Victoria à Montréal dans les années 1850, des ouvriers – dont beaucoup sont eux-mêmes des immigrants – découvrent une fosse commune où ont été enterrés des milliers d'Irlandais morts du typhus dans les abris de Pointe Saint-Charles. En 1859, on érige à l'entrée du pont une grosse pierre provenant du lit du Saint-Laurent afin de marquer le lieu de leur sépulture. Bibliothèque et Archives Canada (C-089671)

En haut : Pierre à la mémoire des immigrants irlandais morts du typhus. Le Monde Illustré, 10 août 1895, Bibliothèque et Archives nationales du Québec

PASSENGERS ACT – 1848

ABSTRACT OF THE QUEEN'S ORDER IN COUNCIL FOR PRESERVING ORDER AND SECURING CLEANLINESS AND VENTILATION ON BOARD OF BRITISH SHIPS CARRYING PASSENGERS TO NORTH AMERICA. Prepared by Her Majesty's Colonial Land and Emigration Commissioners, in pursuance of the 13th section of the Act 11th Victoria cap.6.

1. Every passenger to rise at 7 a.m., unless otherwise permitted by the Surgeon, by the Master.
2. Breakfast from 8 to 9 a.m., dinner at 1 p.m. supper at 6 p.m.
3. Passengers to be in their beds by 10 p.m.
4. Fires to be lighted by the passenger's cook at 7 a.m., and then kept alight by him until 7 p.m.; then to be extinguished, unless otherwise directed by the Master, or required for the use of the sick.
5. The Master to determine the order in which the passengers shall be entitled to the use of the fires for cooking. The cook to take care that this order preserved.
6. Three safety lamps to be lit at dusk; one to be kept burning all the night in the main hatchway, the two others may be extinguished at 11 p.m.
7. No naked light to be allowed at any other time or on any account.
8. The passengers when dressed, to roll up their beds, to sweep the decks (including the space under the bottom of the births) and to throw the dirt overboard.
9. Breakfast not to commence till this is done.
10. The sweepers for the day to be taken in rotation from the males above 14, in the proportion of five for every one hundred passengers.
11. Duties of the sweepers to be to clean the ladders, hospitals, and the round houses, to sweep the decks after every meal, and to dry-holystone and scrape them after breakfast.
12. But the occupant of each birth to see that his own berth is well brushed out.
13. The beds to be well shaken and aired on deck, and the bottom boards if not fixtures, to be removed and dry-scrubbed and taken on deck at least twice a-week.
14. Two days in the week to be appointed by the Master as washing days, but no clothes to be washed or dried between decks.
15. The coppers and cooking vessels to be cleaned every day.
16. The scuttles and stern ports, if any, to be kept open (weather permitting) from 7a.m. to 10 p.m., and the hatches at all hours.
17. Hospitals to be established, with an area, in ships carrying 100 passengers, of not less than 48 superficial feet, with two or four bed-berths, and, in ships carrying 200 passengers, of not less than 120 superficial feet, with six bed-berths.
18. On Sunday the passengers to be mustered at 10 a.m., when they will be expected to appear in clean and decent apparel. The day to be observed as religiously as circumstances will admit.
19. No spirits or gunpowder to be taken on board by any passenger. Any that may be discovered to be taken into custody of the Master till the expiration of the voyage.
20. No loose hay or straw to be allowed below.
21. No smoking to be allowed between decks.
22. All gambling, fighting, riotous or quarrelsome behaviour, swearing and violent language to be at once put a stop to. Swords or other offensive weapons, as soon as the passengers embark, to be placed in the custody of the Master.
23. No sailors to remain on the passenger deck among the passengers except on duty.
24. No passenger to go to the ship's cookhouse without special permission from the Master, nor to remain in the forecastle among the sailors on any account.

By order of the Commissioners,
S. WALCOTT, Secretary
Colonial Land and Emigration Office,
9, Park Street, Westminster, April, 1848.

À la suite de cet été tragique, le «Passengers Act» est modifié en 1848 afin d'améliorer les conditions d'hygiène à bord des navires et d'y prévenir ainsi la propagation du typhus et d'autres maladies. La loi met l'accent sur la propreté, sur la routine quotidienne des passagers et sur les comportements à éviter. The Jeanie Johnston (Ireland) Company Limited

UN PEU D'HISTOIRE

⚓ **Une famine est une grave pénurie de nourriture. La famine de la pomme de terre, qui a ravagé l'Irlande de 1845 à 1849, a été l'événement le plus tragique de l'histoire de ce pays. Durant cette période, deux millions d'Irlandais ont quitté leur terre natale, et un million de plus sont morts de faim dans leur pays. Entre 1845 et 1850, l'Irlande a perdu le tiers de sa population.**

APRÈS LES événements tragiques de 1847, la Grosse-Île connaît de nombreux changements. Du côté est de l'île, les bâtiments construits récemment pour les bien portants sont convertis en hôpitaux. Les malades sont ainsi plus éloignés des immigrants en bonne santé, qui logent désormais dans le secteur ouest. On construit un lavoir où les gens peuvent faire bouillir leurs vêtements dans des chaudrons de fonte, sur des feux ouverts, et les rincer dans des éviers de bois. On ajoute aussi un petit bâtiment abritant un four en briques. La literie des passagers – qui, pour beaucoup d'entre eux, se limite à un sac de toile rempli de crin de cheval ou de plumes – y est désinfectée à haute température. On creuse des puits pour s'approvisionner en eau, et il y a maintenant une école dans l'île.

En mer, les anciens voiliers propulsés par le vent sont remplacés graduellement par des navires à vapeur, ce qui raccourcit la traversée. La plupart des immigrants qui arrivent à Québec sont toujours originaires des îles britanniques, mais des navires venant d'Allemagne et des pays scandinaves – Suède, Danemark et Norvège – traversent maintenant l'Atlantique ⚓ ☸.

Après la tragédie de 1847, l'île est divisée en trois secteurs. Parcs Canada

CENTRE **EST**

OUEST

UN PEU D'HISTOIRE

⚓ Le 1er juillet 1867, le Dominion du Canada voit le jour en vertu de l'Acte de l'Amérique du Nord britannique. Il regroupe les colonies du Haut-Canada et du Bas-Canada (qui s'étaient unies en 1840 pour former la Province du Canada), ainsi que celles de la Nouvelle-Écosse et du Nouveau-Brunswick. Ces colonies deviennent les quatre premières provinces du Canada : le Québec, l'Ontario, la Nouvelle-Écosse et le Nouveau-Brunswick. Les terres situées entre l'Ontario et la colonie de la Colombie-Britannique appartiennent à la Compagnie de la Baie d'Hudson. Le gouvernement les achètera peu après pour assurer l'expansion du pays. Le Manitoba, la cinquième province du Canada, est créée en 1870, en même temps que les Territoires du Nord-Ouest. La Colombie-Britannique devient la sixième province en 1871, après que le premier ministre sir John A. Macdonald eut promis de construire un chemin de fer qui relierait le pays d'est en ouest.

☸ La Fête du Canada est célébrée le 1er juillet parce que le Dominion (ou territoire) du Canada a été créé ce jour-là, en 1867. La fête existe depuis 1879, d'abord sous le nom de Fête du Dominion. Elle a pris le nom de «Fête du Canada» le 27 octobre 1982.

Carte postale représentant le vapeur «S.S. Corsican». S.S. est l'abbréviation du mot «steamship» en anglais, qui signifie «navire à vapeur». L. Lovegrove

▶ *Immigrants sur un quai, prêts à partir.* Bibliothèque et Archives Canada (C-006556)

Fin des guerres napoléoniennes	**Début de l'épidémie de choléra en Inde**	**Premiers cas choléra en Eur**
1815	1827	1831

LA COLONISATION DE L'OUEST

LES ANNÉES 1870 et 1880 amènent à Québec une nouvelle vague d'immigrants. Des Juifs de Russie fuient vers les ports d'Allemagne pour échapper aux pogroms dans leur pays d'origine et traversent ensuite l'Atlantique. Des mennonites quittent eux aussi la Russie pour échapper au service militaire forcé. Et des Islandais, dont le pays a été dévasté par une éruption volcanique, se mettent en quête d'une nouvelle patrie.

Au milieu des années 1880, on ouvre le chemin de fer du Canadien Pacifique, de 4 600 kilomètres de long, qui traverse le pays d'un océan à l'autre. Des trains à vapeur peuvent maintenant transporter les nouveaux colons vers l'ouest du continent.

À la fin des années 1890 et au début des années 1900, des agents canadiens se rendent en Europe afin de convaincre des gens de venir peupler l'Ouest. Ils posent des affiches promettant des terres gratuites pour bâtir des fermes dans cette région. En Grande-Bretagne, on distribue dans les écoles des atlas et des cartes du Canada.

«Le pays le plus fertile du monde», septembre 1909 : une des affiches servant à encourager l'immigration vers l'Ouest canadien.
Bibliothèque et Archives Canada (C-126299)

Des immigrants écossais dans un train en partance pour l'Ouest canadien.
Bibliothèque et Archives Canada (PA-010391)

UN PEU D'HISTOIRE

Les pogroms sont des attaques ou des massacres organisés contre certains groupes de personnes, en particulier des Juifs.

Les mennonites sont des chrétiens qui condamnent toute guerre. Ils refusent donc de servir dans l'armée.

En 1845, Sandford Fleming, alors âgé de 18 ans, quitte l'Écosse et fait voile vers Québec à bord du *Brilliant*. Fleming concevra plus tard le premier timbre-poste canadien, le «castor de trois pence», émis en 1851. Il sera aussi l'ingénieur en chef chargé de la construction du chemin de fer du Canadien Pacifique et inventera le système universel de l'heure normalisée.

Le premier timbre-poste du Canada.
Société canadienne des postes (1851), reproduit avec permission; Bibliothèque et Archives Canada (POS-000033)

rture de la station le quarantaine e la Grosse-Île	En Irlande, destruction des récoltes de pommes de terre par le mildiou	Le Canada devient une nation	Pose du dernier crampon du chemin de fer du Canadien Pacifique
1832	1845-1849	1867	1885

La Grosse-Île connaît de nouveaux changements à la fin du 19ème siècle. Sous la direction du Dr Frederick Montizambert, on construit un bâtiment de désinfection contenant des douches pour les immigrants, ainsi que des étuves pour décontaminer leurs vêtements et leurs bagages. En outre, à leur arrivée dans l'île, les passagers malades sont transportés à l'hôpital en ambulance : une voiture de bois couverte, tirée par un cheval.

Les méthodes de communication s'améliorent également. L'île est maintenant reliée à Québec par télégraphe. Ainsi, les autorités du port sont averties à l'avance de l'arrivée des navires ⚓. Certains secteurs de l'île sont également reliés par téléphone. Les médecins peuvent donc téléphoner à l'hôpital pour donner leurs instructions au personnel médical et s'informer de l'état de leurs patients.

Le Dr Montizambert a été le médecin-surintendant de la Grosse-Île de 1869 à 1899, avant de devenir le premier directeur général de la Santé publique du Canada en 1899. En tant que responsable de l'administration de toutes les stations de quarantaine du Canada, il a établi des méthodes de désinfection et les a mises à l'oeuvre dans l'ensemble du pays. Il a également contribué à convaincre le gouvernement de créer un ministère de la Santé. Le Dr Montizambert est décédé en 1929 et a été nommé au Temple de la renommée médicale canadienne en 2001. Bibliothèque et Archives Canada (article n. 2473, n. d'accès 1936-270)

L'un des téléphones utilisés autrefois à la Grosse-Île. Collection Claude Morin

UN PEU D'HISTOIRE

⚓ **Les messages télégraphiques sont envoyés en morse, un code dans lequel des points et des traits remplacent chacune des lettres de l'alphabet. Le télégraphiste convertit ces points et ces traits en une série de sons longs et courts transmis par des fils électriques. Ces sons sont ensuite décodés par le télégraphiste qui reçoit le message, généralement à des kilomètres de distance, et qui le transcrit en mots et en phrases.**

De nombreux membres de la famille Masson, de même que leurs descendants, ont travaillé à la Grosse-Île. Pierre (Pit) Masson y a conduit l'ambulance de 1904 à 1937. Quand des passagers malades arrivaient dans l'île, il allait les chercher pour les transporter à l'hôpital. Collection Claude Morin

LE 20ÈME SIÈCLE

PENDANT les premières années du 20ème siècle, les immigrants continuent d'affluer au Canada par le port de Québec.

Attirés par la perspective d'y trouver des terres agricoles abordables, des Ukrainiens et des Polonais vont s'installer dans deux provinces nouvelles : la Saskatchewan et l'Alberta. Des groupes de doukhobors russes ⚙ qui fuient l'oppression dans leur pays se dirigent aussi vers l'Ouest, en quête de terres et de liberté. De nombreux Italiens à la recherche d'un emploi restent dans l'Est, où ils deviennent mineurs ou travailleurs des chemins de fer. Les nouveaux venus accomplissent souvent les tâches les plus dures et les plus dangereuses : ils construisent des routes et des égouts, font sauter des explosifs pour ouvrir les chemins de fer et les carrières, et travaillent dans les aciéries et les teintureries. D'autres pratiquent les métiers acquis dans leurs pays d'origine, et sont barbiers ou cordonniers, marchands ou réparateurs ambulants. Les hommes travaillent aussi comme tailleurs, et les femmes comme couturières, fabriquant des vêtements pour la T. Eaton Co. de Toronto.

Les immigrants voyagent maintenant à bord de navires à vapeur, dans des conditions nettement meilleures qu'avant. À la Grosse-Île, de nombreux bâtiments nouveaux sont érigés, notamment les hôtels de première, deuxième et troisième classes construits entre 1892 et 1914 pour les passagers en quarantaine. Ces hôtels correspondent aux différents niveaux de confort dans lesquels les gens voyagent désormais. On installe des générateurs pour produire de l'électricité, et on ajoute un étage au bâtiment de désinfection pour y augmenter le nombre des douches. Des installations plus grandes, à deux étages, s'élèvent maintenant là où de petits bâtiments blanchis à la chaux abritaient autrefois les travailleurs de la Grosse-Île. À la fin de 1915, l'île compte également un bureau pour les vaccinations et les examens médicaux, une résidence pour les infirmières, des boulangeries, et un atelier de plomberie et de menuiserie. Les communications avec la terre ferme se font par télégraphe sans fil 🖋 , ou encore par téléphone.

Des immigrants construisent les égouts à Toronto.
Archives de la ville de Toronto

Timothy Eaton, un immigrant irlandais, arrive au Canada en 1854, à l'âge de 20 ans. Il ouvre un petit magasin général à Toronto en 1869, et lance ensuite au Canada les concepts de magasin à rayons et de vente par catalogue. À sa mort, en 1907, il a fondé les bases de l'empire commercial Eaton. Une chaîne de grands magasins implantés dans tout le pays portera son nom pendant des décennies.
Utilisé avec la permission de Sears Canada Inc.;
Archives de la ville de Toronto

UN PEU D'HISTOIRE

⚙ **Les doukhobors appartiennent à un mouvement chrétien russe. Comme les mennonites, ils refusent de servir dans l'armée parce que, selon leurs croyances, il est condamnable de faire la guerre.**

🖋 **Le télégraphe sans fil permet les communications entre les navires et la terre ferme, de même que d'un navire à l'autre. C'est ainsi que le 15 avril 1912, aux petites heures du matin, le télégraphiste de la Grosse-Île capte des messages de détresse provenant d'un navire, le *S.S. Titanic*, qui vient de frapper un iceberg au large de Terre-Neuve.**

Georges Bilodeau, un des ingénieurs
chargés de la désinfection du matériel
hospitalier et des bagages des passagers malades.
Collection Claude Morin

Bouton de manteau provenant d'un uniforme des
employés de la station de quarantaine. Parcs Canada

Alors que la plupart des employés qui travaillent dans l'île y séjournent seulement de mai à novembre, une douzaine de familles vivent désormais en permanence à la Grosse-Île. Ces familles élèvent des animaux, comme des vaches, des poulets, des chèvres et des cochons, qui leur fournissent des œufs, du lait et de la viande tout l'hiver. Pendant la saison froide, quand il y a de la neige, les insulaires se déplacent souvent dans l'île en raquettes ou en skis. C'est aussi à ce moment-là que les hommes découpent dans le Saint-Laurent des blocs de glace pour les glacières ⚓ .

Même s'ils doivent souvent communiquer par l'intermédiaire d'un interprète, les travailleurs de l'île ont beaucoup de sympathie pour les nouveaux venus. Les écoliers, quand ils entendent la cloche de l'ambulance annonçant l'arrivée d'immigrants malades dans l'île, prient pour que ceux-ci guérissent rapidement. De plus, des insulaires entretiennent avec soin les tombes des immigrants enterrés à la Grosse-Île.

UN PEU D'HISTOIRE

⚓ **Au début du 20ème siècle, le réfrigérateur domestique est une nouvelle invention, et peu de gens en ont un. À la Grosse-Île, les familles conservent leurs aliments dans de petits bâtiments de bois appelés «glacières». Ces glacières sont construites en partie sous terre et sont remplies de gros blocs de glace, posés sur un lit de sciure de bois pour en assurer l'isolation.**

Fragment d'une poupée trouvée dans le village.
Parcs Canada

En haut, à droite : Le nombre des écoliers augmente en flèche au printemps, avec l'arrivée des travailleurs saisonniers. Pendant les mois d'hiver, il ne reste à l'école qu'une douzaine d'enfants, demeurés dans l'île avec leur famille. L'institutrice, qui loge dans la petite école, habite aussi dans l'île toute l'année. Les enfants des travailleurs de l'île fréquentent l'école jusqu'à la septième année avant de devoir poursuivre leurs études sur la terre ferme. Collection Ivy Percoco

Des enfants de travailleurs jouent sur les rives de l'île à marée basse. Collection Martineau-Boulet

Entre 1900 et 1914, alors que l'économie prospère, plus d'un million et demi de personnes débarquent à Québec. Ce flot d'arrivants se tarit toutefois presque entièrement entre 1914 et 1918, à cause de la Première Guerre mondiale qui fait rage en Europe. Avec la fin du conflit, une nouvelle marée amène ensuite au Canada des Bulgares, des Roumains, des Norvégiens, des Tchécoslovaques et des Yougoslaves. Des navires en provenance des îles britanniques transportent aussi un nombre croissant d'enfants pauvres ou orphelins 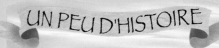 .

Dans les années 1930, cependant, les terribles sécheresses que connaît le «Dust Bowl» , dans les Prairies, et la dépression économique qui suit le krach boursier de 1929 font baisser le nombre de navires qui arrivent à Québec. L'évolution des mouvements migratoires et l'ouverture d'autres ports d'entrée, surtout sur la côte du Pacifique, contribuent aussi à cette diminution. Par conséquent – surtout depuis l'ouverture, à Québec, d'un nouvel hôpital bien équipé pour soigner les maladies contagieuses –, la station de quarantaine n'a plus vraiment de raison d'être. Elle est donc fermée officiellement à l'automne 1937, après 105 ans d'activité.

-Robert | **La panique dans toutes les Bourses d'Amérique**

LES BOURSES DE PHILADELPHIE, DE CHICAGO ET DE BALTIMORE FERMENT LEURS PORTES A MIDI -- NEW-YORK DOIT FERMER D'UN INSTANT A L'AUTRE DE MEME QUE MONTREAL

Manchette de journal à propos du krach boursier.
Le Devoir, 24 octobre 1929

Elsie et son frère John, âgé de quatre ans, en compagnie de leur mère, Elizabeth.
Collection Elsie Hathaway

UNE MISSION SECRÈTE

UN PEU D'HISTOIRE

⚓ **Les armes biologiques sont des virus, des microbes et des bactéries utilisés pour causer la mort ou propager des maladies chez les humains, les animaux ou les plantes.**

PENDANT près de cinq ans après la fermeture de la station de quarantaine, la Grosse-Île reste déserte. Mais, à l'été 1942, un bateau transportant un groupe de scientifiques accoste dans l'île. Le Canada est en guerre, et la Grosse-Île servira de cadre au nouveau programme canadien de recherche sur les armes biologiques ⚓ .

Peu après le début de la Seconde Guerre mondiale, des scientifiques canadiens se sont inquiétés de la possibilité que les ennemis du pays utilisent des microbes pour transmettre des maladies aux humains et aux animaux de ferme. Afin de répondre à ces craintes, l'hôpital et les bâtiments de désinfection de la Grosse-Île sont convertis en laboratoires. Les scientifiques y travaillent à l'élaboration d'un vaccin contre la peste bovine, une maladie mortelle qui affecte le bétail et pour laquelle il n'existe pas de traitement. Ils effectuent aussi de la recherche sur différentes bactéries dont le Canada et ses alliés pourraient se servir contre leurs ennemis.

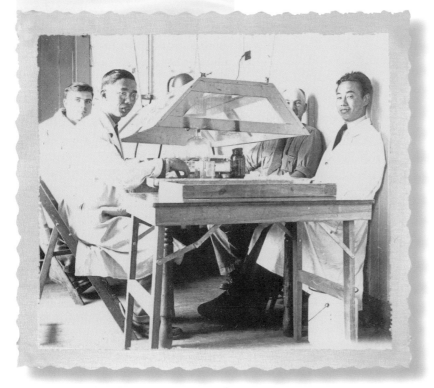

Des vétérinaires et des médecins assistant à des cours à la Grosse-Île. Fonds Claude Morin ▲

Les laboratoires sont démantelés après la guerre. En 1957, le ministère de l'Agriculture s'installe dans l'île pour y étudier les maladies animales. À partir de 1965, la Grosse-Île servira à nouveau de station de quarantaine, mais pour les animaux cette fois-ci. Le bétail importé d'Europe et d'ailleurs est mis en quarantaine dans l'île avant d'être intégré aux troupeaux sur la terre ferme. Des vétérinaires du monde entier viennent travailler à la Grosse-Île, maintenant réputée pour son centre de recherche sur les maladies animales.

Un scientifique effectuant une expérience. Fonds Claude Morin ▲

Inauguration de la croix celtique de la Grosse-Île	Première Guerre mondiale	Effondrement du marché boursier
1909	1914-1918	1929

Un lieu de mémoire

EN 1974, la Commission des lieux et monuments historiques du Canada recommande que la Grosse-Île soit désignée lieu historique. L'île sera conservée telle quelle pour honorer la mémoire des immigrants qui sont arrivés au Canada au 19ème siècle et au début du 20ème, et en particulier des Irlandais qui y sont morts en 1847. On y soulignera également le rôle qu'a joué l'île de la quarantaine dans l'édification du Canada entre 1832 et 1937.

La Grosse-Île, dont Agriculture Canada a cédé la gestion à Parcs Canada, est ouverte au public au printemps 1988. Aujourd'hui, bon nombre de ses bâtiments – dont le lazaret, appelé aussi «hôpital des picotés» – sont encore debout. On trouve aussi dans l'île des lieux et des symboles qui rendent hommage à ceux dont la vie s'est terminée là-bas.

Le plus ancien objet commémoratif de l'île est le monument aux médecins, érigé vers 1853 par le premier médecin-surintendant de la Grosse-Île, le Dr George Douglas. Il porte les noms des médecins qui sont morts en soignant les immigrants malades. Parcs Canada, L. Delisle

Cette chaussure d'enfant a été déterrée en 1996 lors de fouilles archéologiques sur l'île. Elle a été trouvée près du lazaret, qui recueillait les immigrants irlandais en bonne santé pendant l'été 1847, et elle semble dater de cette époque. Parcs Canada, J. Beardsell

La croix celtique a été érigée en 1909 par l'Ancient Order of Hibernians, une organisation regroupant des Irlandais catholiques. Sur la base de ce monument de granit, haut d'une quinzaine de mètres, une inscription en anglais, en français et en gaélique rappelle le destin tragique des immigrants irlandais qui ont fui leur pays pendant la Grande Famine. Parcs Canada, H. Boucher

Le lazaret est le seul des bâtiments construits en 1847 qui soit encore debout. Des plaques de plastique transparent y ont été installées pour protéger les dessins faits sur les murs par des immigrants au fil des années. Dans une des pièces, peinte en 1904, tous les murs sont rouges et les fenêtres sont couvertes de vitre rouge. On croyait que le rouge aidait non seulement à protéger les malades contre la lumière du soleil, mais également à guérir la variole. Le bâtiment a été rénové en 1997 et 1998 afin d'assurer la sécurité des visiteurs. Collection Freddy Masson

meture de la de quarantaine la Grosse-Île	Seconde Guerre mondiale	Reconnaissance de la Grosse-Île comme lieu historique	Ouverture de l'île au public par Parcs Canada
1937	1939–1945	1974	1988

SOUVIENS-TOI

LE LIEU historique national du Canada de la Grosse-Île-et-le-Mémorial-des-Irlandais, comme on le désigne aujourd'hui, témoigne toujours du passage d'un grand nombre de nos ancêtres. Si tu visites un jour cette petite île, souviens-toi d'eux en marchant dans leurs traces.

Plus de six mille immigrants morts en 1832, 1834 et 1847 reposent dans le cimetière des Irlandais. Parcs Canada

Le Mémorial de la Grosse-Île est situé près du cimetière des Irlandais. Les noms des immigrants qui sont décédés dans l'île et des gens qui ont sacrifié leur vie pour les soigner sont gravés sur des panneaux de verre entourant une structure circulaire en pierre. Plus de 1 500 petits navires sont également gravés dans le verre, représentant chaque immigrant dont l'identité est inconnue.
Parcs Canada, X. Bonacorsi

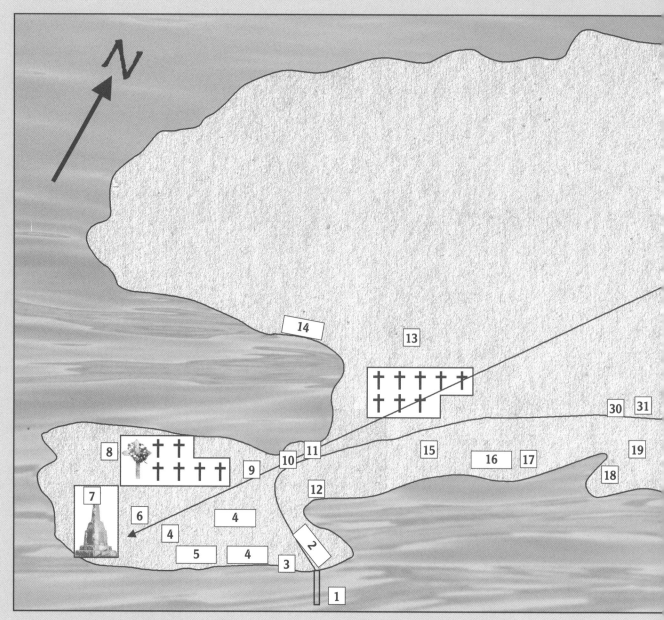

1. Quai de l'ouest
2. Générateur, pompe, douches et équipement de désinfection
3. Maison du gardien du quai
4. Hôtels pour immigrants
5. Atelier du plombier
6. Réservoir d'eau
7. Croix celtique
8. Cimetière des Irlandais
9. Maison de l'électricien
10. Maison de la police
11. Poste de garde

12. Maison d'un médecin
13. Cimetière du centre
14. Maison des marins de la Grosse-Île et de leurs familles
15. Presbytère anglican
16. Chapelle anglicane
17. Maison de l'ingénieur des Travaux Publics
18. Batterie de canons
19. Maison d'un médecin
20. Bloc du centre
21. Étable communautaire
22. Maison des employés des Travaux Publics
23. Station Marconi